El paso de los pasos

EL PASO DE LOS PASOS

J. Ramon Talavera

Círculo Rojo
EDITORIAL

Primera edición: diciembre de 2024

Depósito legal: AL 3762-2024

ISBN: 978-84-1097-342-8

Impresión y encuadernación: Editorial Círculo Rojo

© Del texto: J. Ramon Talavera
© Ilustradores: Alison Buchanan (grabado Siempre te gustó septiembre), Eduardo Roque Guerra Castillo (caligrama Vtopía).
© Revisión de textos: Uriel Pascual y Neus Sanchis i Montiel.
© Maquetación y diseño: Equipo de Editorial Círculo Rojo
Especial mención a la colaboración de Óscar Fábrega y de una jovencita tecleando al ordenador, Alba Prieto Buchanan

Editorial Círculo Rojo
www.editorialcirculorojo.com
info@editorialcirculorojo.com

Impreso en España — Printed in Spain

DEDICATORIA DEL AUTOR

Insisteixo: als meus pares i les meves estimadíssimes germanes;
a tots els meus familiars, carnals i no carnals; als meus amics
del cor, que són tots, i a aquells que s'han creuat pel meu camí
i hem anat tots junts; a les meves dues gossetes Blacky, allà on
siguin, i al meu gatet Iuri, que el tinc aquí. A Alison Buchanan
i Antonio Tsi, com a gent molt estimada que són, per tot el
seu recolzament. Perquè tots ells seran sempre part de la meva
inspiració.

Insisto: a mis padres y mis queridísimas hermanas; a todos mis
familiares, carnales y no carnales; a mis amigos del corazón,
que son todos, y a aquellos que se han cruzado por mi camino
y hemos ido todos juntos; a mis dos perritas Blacky, donde
quiera que estén, y a mi gatito Yuri, que lo tengo aquí. A Alison
Buchanan y Antonio Tsi, como gente muy querida que son, por
todo su apoyo. Porque todos ellos serán siempre parte de mi
inspiración.

J. Ramon

PRÓLOGO

En la vastedad de los pasos dados, de esos que, al recorrerlos, parecen fracturar el tiempo, late una memoria que no se desvanece. *El paso de los pasos* de J. Ramon Talavera no es solo un título, es un enigma, un eco que atraviesa generaciones, geografías y almas. Este libro, construido como un mosaico de imágenes, voces y reminiscencias, es un magnífico trabajo y emocionante homenaje a lo efímero, a los instantes que el tiempo parece devorar, pero que la palabra logra rescatar.

En las páginas que siguen, estimado lector, J. Ramon Talavera nos invita a deambular por caminos que no son solo suyos, sino nuestros. Nos coloca frente a la dureza de la piedra bajo los pies, las calles adoquinadas del viejo París, el horizonte azul de una Barcelona que todavía guarda secretos entre sus azoteas, los páramos de las tierras altas del Yorkshire, las tierras áridas de Almería o la inmensidad del espacio desde la perspectiva de Gagarin. Los escenarios se transforman en metáforas vivas de la nostalgia y la esperanza; y los personajes que por ellos deambulan, históricos y conocidos en muchos casos, se convierten en reflejo poético de lo humano, demasiado humano; un reflejo en el que todos nos podemos ver, aunque sea de forma distorsionada.

Este prólogo no pretende explicar el contenido de *El paso de los pasos*, faltaría más. Hacerlo sería traicionar su esencia. No se explica lo inexplicable. En lugar de ello, pretende más bien ejercer como una suerte de invitación a sentir, a recordar, a caminar junto al autor en un peregrinaje que no tiene destino, porque

el destino es el camino mismo, el camino que se hace al andar. Aquí, entre estos textos que alternan entre la poesía, la reflexión y la memoria, no hay respuestas definitivas, solo preguntas que se deslizan entre los versos, como pasos sobre arena que el viento dispersa, como estelas en la mar.

Caminar es un acto de fe, de resistencia, de búsqueda. Y este libro es, en sí mismo, un camino. *El paso de los pasos*, en resumidas cuentas, nos invita a transitarlo con los ojos abiertos y el corazón dispuesto, a descubrir que en cada huella dejada hay un mundo entero por desentrañar. Este es un libro para leerse con pausa, como quien observa una puesta de sol o escucha el latido de su propio corazón. Con pausa.

A J. Ramon Talavera le pertenece la voz, pero a nosotros, sus lectores, nos pertenece la reflexión o la emoción que genera. Sigamos, entonces, estos pasos, uno a uno, como quien sigue un rastro en el bosque o una estrella en el cielo. Y recordemos, al final, que no hay camino pequeño ni paso inútil. Todo nos lleva a donde necesitamos estar.

Por mi parte, aunque todos los pasos de este poemario me han encantado y enamorado, he de decir que me quedo con *Noli me tangere*, un soberbio, simbólico y filosófico poema cuyo título, y en parte su significado, hace alusión a las palabras que Jesús le dijo a María Magdalena tras su resurrección, según el Cuarto Evangelio. El poeta, en este caso, utiliza este bello motivo para desarrollar una idea preciosa: la imposibilidad de poseer o fijar algo que trasciende lo humano.

Con él, con el poeta, con sus pasos, con sus versos y poemas, les dejo. Con toda seguridad, leer esta obra será una experiencia digna de recordar.

¿Te atreves a caminar?

Buen camino.

Óscar Fábrega

1.- PASOS PASADOS

*

Las altas solitudes de los pasos

Los pasos del agua por el jardincito del párroco
bajo el cúmulo de féretros de sus finados ancestros,
antes de desaguar por los grifos de la casa,
concluían el periplo de las aguas por los páramos del Yorkshire:
haz de luz entre el brezo, aun la niebla escocesa entre en las
tierras bajas
con su afán de ser lluvia sobre esa entera paramera,
con su afán de ser lluvia sobre todos los brezos,
pero que encharcaba los espacios pleurales
como el agua fresca que pasaba por el cementerio.
El viento allí es tan riguroso como el padre reverendo,
tan violento que nunca se escucha el silencio en las landas,
como tan atronadora es la voz de un rector anglicano.
Siempre ocupadas, apenas sus voces se oían en la sacristía,
ni al cruzar del brazo juntas en silencio el páramo sus pasos.
A veces tres hermanas se perdían por las landas
perdida e idiotamente absortas bajo su imaginación nerviosa,
hasta que su hermano Patrick Branwell Brontë,
perdida e idiotamente absorto bajo su realidad nerviosa,
va y resbala ante su espónsor tras dar fatal paso al pisar a su
esposa:
sin crédito alguno, fuma más el opio, bebe más la absenta y el
láudano;
se entrampa esa familia: el pan blanco se asigna al domingo o a
un festivo;
solo beben agua: el vino es para el párroco y su vástago;

el vino retrasa a los bichos que luego andarán por su alcoba.
Se adormece con la vela y a menudo se queman las sábanas.
Un día va y se queda frito con su vela y arde la casa entera.
Pronto llega todo usual insecto del desierto de las abstinencias:
le sobrevino un marasmo aliviándole ya de tamaña agonía.
La romántica imaginación nerviosa duerme en sus airadas

cumbres.

No cediendo ante un misterio da grandes pasos un alma rebelde
en la ciencia de un pasado que le abstrae lo real de lo aparente:
su inquietud ante el supuesto desván vacío donde se oye un

arrullo,

que acaba siendo de un alma rebelde quebrada que quema su

casa.

Los tubérculos en los espacios pleurales se imponen
sobre todo arcano oculto tras la gótica imaginación romántica
como bajo tierra y agua una proliferación prosaica de tubérculos.
El realismo a la imaginación nerviosa le ennoblece sus pasos.
Vida habrá por otros mundos con las altas solitudes de esos

páramos.

(Dedicado a Emily, Anne y, en especial, a Charlotte, que dedicó su Jane Eyre, Alma rebelde *al autor inglés William Thackeray, sin saber que su esposa se había quebrado mentalmente por completo).*

**

Un paso… y superar tu horizonte local
(Tres generaciones en 9 m²)

Después de los satélites y de unas pocas bestias,
un elegido viaja al universo en las memorias de la noche.
Yuri Alekséyevich Gagarin avanzó un paso adelante,
apoyó en el suelo la rodilla de la pierna inerte ya un paso atrás
para anudarse el cordón de un zapato y en su enésima vez;
torpeza o descuido alertado entre aquellos que lo tratan.
A poco de irrumpir los primeros chascarrillos,
lejos de abrocharse los zapatos, se los saca.
Es el único elegido que entra en calcetines a una nave cósmica.
En su gran guerra, el saqueo del enemigo los echó de su casa.
Fue habituándose a dar pasos casi descalzos por el hielo o el barro.
Tras la guerra, el día que volvió a pisar su casa, lo hizo sin zapatos.
Yuri es listo como la perrita labradora callejera Laika,
flaco y menudo como el primer micifuz espacial Félix.
Durante esos dos años de ocupación de su casa,
muchos días lo único que hubo para comer fue agua o escarcha.
Tampoco tiene miedo a los espacios cerrados y oscuros.
El elegido es el que más tiempo aguanta dentro de una cápsula.
Durante dos años vivió en nueve metros cuadrados,
los de una cabaña hecha de barro que les dejó hacer un oficial
en la fachada de atrás de su casa
mientras él se instaló en ella haciéndosela suya.
Yuri vio de niño el armagedón,
mas, si no te lo crees…, ¡vete hasta allí y mira!

Tras las estelas de los satélites y las bestias
va el elegido siguiéndolas en esa gran noche
desde el momento en que va en vuelo al espacio:
cuando la nave que lo lleva supere su horizonte local,
lo hará la memoria imperfecta de los futuros simples
como la perfecta de los futuros compuestos
en los confines de los futuros prometidos,
y en los límites de los firmamentos en las esperanzas,
tras los azules de cielos de las andronas entre las casas,
o cualquier línea celeste ante lo humano, lo animal y lo
                                                    inorgánico.
«¡Vámonos, hasta pronto, adiós, adiós, mis queridos amigos!»:
Yuri Alekséyevich Gagarin da un paso
para dar un segundo no mucho después.
«¡Veo la Tierra!, ¡y la Tierra es azul!».
Demasiado pronto dio su último paso.
Yuri Alekséyevich, ¡hasta siempre y más allá!

(A L. Bondar, S. Fominá, M. Konnoiko, E. Holodovina e I. Suslov)

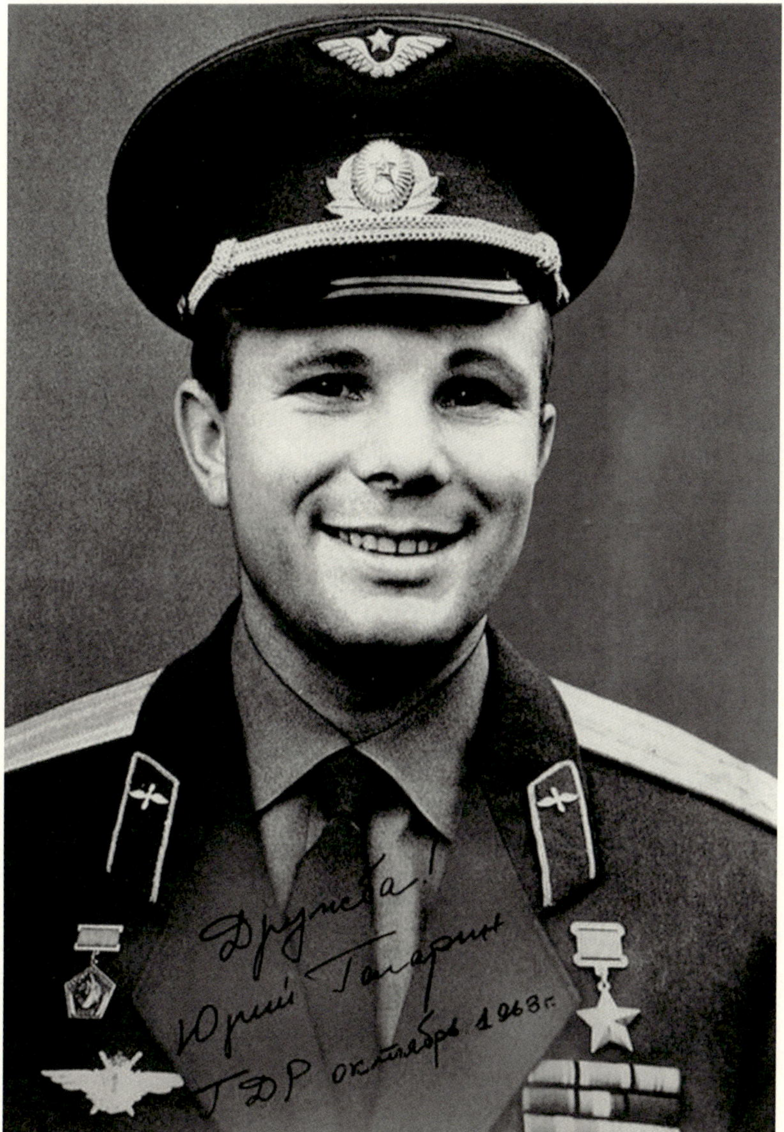
Дружба!
Юрий Гагарин
ГДР октябрь 1963 г.

El espectro del paso de los pasos

De Caen a París andando habrá infinitos pasos.
Cierta joven de allí da el peor paso atrás, u otro mejor al frente,
aunque da lo mismo si en un solo paso deja larga estela,
frente al sinfín de pasos que no dejan ni rastro,
de humano o bestia cual cochero y sus percherones:
tirando del carruaje al trote largo en una expresa diligencia
llega la caballería al destino que espera la joven provinciana,
tras mil pasos de equino y al hotel Providencia mil aires de loca,
tras mil aires de equino y en una habitación sus mil pasos
perdidos.
Dos días después baja a la calle una mañana enfurecida;
entra al laberinto de las rúas de París sin conocerlo.
Entra a una sombrerería a comprar un sombrero del escaparate.
Entra a una sombrerería y compra un sombrero de aventurera.
Entra a una sombrerería y se compra el sombrero que ella puso
de moda;
carbón oscuro y en lazo verde el floripondio a juego con su ropa.
Entra muy apurada a una cuchillería a punto de cerrar con
súplicas
para en un suspiro salir con un cuchillo de carnicero;
tiene mango de madera clara y hoja de siete dedos.
A las 6 de la tarde se sube a un carruaje un espectro;
nadie lo percibe ni en la acelerada contundencia de sus pasos,
ni al subirse a una berlina dando un gran portazo,
ni al bajar en su destino con el mismo estruendo.

El espectro entonces vino a ser un ángel silencioso;
cruza la acera sobre la brisa de sus pasos,
llega frente a la puerta de una casa,
hasta que le abren pica y pica con insistencia,
con insistencia dice que se le deje entrar,
con resistencia se le niega dar un paso adentro,
con pertinencia se da una favorable coyuntura,
con providencia distrae el que trae el pan a quien le barra el

                                                  paso,

y entonces, como los que sueñan, sobrevuela todo obstáculo,
como todo el que en un sueño profundo se siente un espectro,
hasta que da el paso final dando un cuchillazo certero.
La ciudadana Corday pisa el cadalso sin que dé un paso.
El nuevo espectro cae y le atraviesa el cuello por su cuarta

                                                     vértebra:

solo da un paso veloz e inaudible menos al último impacto,
sobre el suelo; y a todos los que miran cerca de él los ensordece

                                                           siempre.

****

Y ya, de paso…
(endecasílabos a una moderna aventurera en su tiempo).

Princesa de Winter
(aun sin mosqueteros, frente a Felipe, Alba y Escobedo)

No anheló ser ejemplo de grandeza,
amén de su linaje, o ante los tuertos
de altivez un dechado: que antes muertos
que hundidos como el ojo de su alteza.
Si lo es, tampoco fue por su riqueza,
que sí hacendó, aunque a intrigantes entuertos
destina en su disidencia, encubiertos,
sueldos al golpe en que es parte y cabeza.
De Antón Pérez su Ariadna o laberinto,
Némesis «de esos Alba y de ese Escobedo»,
confiada en su progenie una ley ignora…,
error que la arroja a su encierro en Pinto:
si a un juez nobleza importa, al rey, ¡ni un bledo!:
«Fuiste noble y bella, y hoy, bestia traidora…»,
le exhorta al interrogarle el Prudente;
taconazo, vuelta y basquiñas mece:
«¿Y cuándo fue eso?», altiva respondía
con grandeza, tronío e ira exigente.
Saldó ya él: «Cárcel, sin fin, que hile y rece…
Que su alma expíe… ¡hasta su último día!».

Es requebrar mi arriacense hermosísima
duelo al llevarme, a esa corte tan rancia,
su quebranto, pues, fuese en la de Francia,
purísima hoy sería, y no putísima.
De Castilla, gran grande que grandísima,
no solo de fruta era, y en abundancia,
hija de, pues de asuso y en dominancia,
ubres de ayuso harán su piel finísima.

Destreza en la espada, invicta en el reto,
de Holanda irredenta, herética a Roma,
chic en Flandes, elegancia a Florencia,
condicionada en la intriga y el secreto,
ella, y casta obliga, da a quien le toma…
¡el pelo! ¿Se os ocurre? ¡Qué ocurrencia!
Milady de Éboli usaba *stiletto*…
para abrir cartas, ¿contra alguien?, ¡ni en broma!

¿Quién me explica su crimen con urgencia?,
¿qué molestó a su rey tanto en concreto?
Dicen que antes del alba aún se asoma
a enrejada obertura su presencia,
de Mendoza y de la Cerda doña Ana,
el alma de esa dama de Cifuentes,
en su encierro, corte y tumba, y en Pastrana.

A. Sanchez Coello pˢⁱ (?)   B. Maura dº y gⁱ 1874.

Dª Ana de Mendoza y la Cerda,

PRINCESA DE EBOLÍ.

2.- PASOS EN EJES DE COORDENADAS Y ABSCISAS

*

Juegos de lunas hacia Almería
(Hijate estación)

Entre el nacimiento y la muerte se halla la vida.
Entre el río Nacimiento y el cauce seco de la muerte,
por las estepas y los páramos hacia el norte
y hoyas y sierras y ramblas con las que se alerta Tabernas,
está en cuclillas la vida quieta y callada
por las cuencas del Agua y el Almanzora;
mas luego está ese sol que da por todo el valle del oeste al mar:
bajo ocres marasmos de relumbrones está inerte la antigua Urci,
en que todo está y en que sin remedio se entra,
ya espejismo, ya visión real de otro mundo;
dado el embuste de sus dos lunas
en obligado juego de espejos encarados,
de azul celeste a azul marino y viceversa,
el reflejo del reflejo espejea deslumbres y asombros:
pero aquí lo que sorprende está en su estado natural;
todo se para y se calla y se duerme,
nada se entrevé de su belleza inorgánica,
pues se iguala con el mismo silencio de lo que palpita.

*

Entre los tiempos pretéritos y los futuros están los presentes.
En un campo yermo, que no baldío,
de olores y luces y gestos y pensamientos,

cerca de la pedanía en frontera de Hijate,
en su futuro de pasado y su presente de futuro,
está entre el vacío y sus ruinas la vieja estación ferroviaria.
Nada me llevaría allí más que el puro azar,
el de mi distracción con su extravío
viniendo de Granada por la cuesta de Caniles,
deslumbrado por ese cielo hasta entrar en Almería;
quien vea esa estación y su entorno en imágenes
diría que allí aguanta su respiración la muerte,
que por allí pasó volando raso el águila de Juan apóstol,
poco antes de que él escribiera en los evangelios:
«… he aquí el fin de los tiempos, ¡ven y mira!».

**

Alguna vez se mueven las ramas con sus hojas
colgando de cuatro arbolejos
si es que, ¡oh, fortuna!, les da el aire,
y si estos dan paradójica sombra como indulgencia,
no es tan arduo, pues, sentarse en el andén de la estación;
así entonces, muy atento, se escucha el paso del poco aire que
                                                    llega
aun bajo su imperceptible constante movimiento.
Lo que se cree muerto es vida cristalizada;
no lo está el reloj, ni el andén, ni las vías,
ni sus raíles hacia confines deseados,
siguiendo sin saberlo la ley de los cristales;
porque todo lo que se ve son formaciones netamente ordenadas;
porque allí solo se han muerto las horas
expuestas en las vitrinas sin puertas del tiempo;
porque se ven brillos de sol por los raíles anaranjados
incluso bajo la sombra de los vagones ausentes,

sobre las vías de hierro que ya os he dicho que no están muertas.
Enfrente se despliega esa inexplicable belleza,
en la contemplación de aquel vacío tan lleno.
De allí a lo lejos no se ven entradas de caminos ni de atajos;
aunque no hay otra senda más que la que no quedó trazada,
aquella que abren y cierran pisadas de gente que justo han

pasado.

Y con el tiempo ya andando por esos parajes
se iba quedando atrás el miedo ante aquel silencio:
del equilibrio entre lo presente y lo ausente
se genera el vacío de la plenitud de la calma
con su cuerpo infinito lleno de átomos y almas;
no está tras la quietud agazapada la muerte,
mas la transición insensible de lo que se ve a lo que no.
Entonces dejé de llenar mi mente de pavor
si acaso veía seres cara a cara u oía almas
de gente o de algún animal, o de algunos objetos ya ausentes,
pues también me despido de las cosas.

**

Si el sol

Cuando lo importante no era el sol,
ni su luz en el recuerdo,
aunque estallara al entorno de todas las cosas,
en el camino que aún va hacia tu casa
dejé de mirar su ribera,
la fe en las flores no resueltas de sus árboles,
el estupor en las recientes por la hierba de su acequia,
la demasía en todo lo esparcido en sus declives:
no me haría falta en muchos años,
ni apreciar el tiempo al paso de sus estaciones,
ni en la oscuridad del día menos largo la promesa
de la luz de la noche más corta;
tampoco importaba el silencio por todo el camino,
tan solo el poder atisbar el contorno a lo lejos
de las esquinas que anunciaban tu fachada.
Me bastaba luego el hechizo de tus presagios,
pues me hacían ver un claro en el confín del horizonte opaco,
oír los remolinos que porfiaban tras tus puertas entornadas
entre la belleza de tu enigma que tras estas se escondía.
Adornada de luz de silencios en la soledad de un pasillo,
me rendía la suposición de los cuartos vacíos
a los que no entraría a ver la luz de sus ventanas.
Fuimos felices sin intención.
Sin intención de encontrar indicios,
te llegó todavía de confines inciertos
tu poder de marcar los fines de los inicios,

los de los tránsitos y los saltos,
los de los puntos de inflexión,
los de ya aquellas nuestras últimas primaveras.

Cuando lo único importante sea el sol,
volveré sobre mis pasos
para recordar solo el camino hacia tu casa.
Hoy oí decir que estamos ya al borde de un abismo,
pero sobreviviremos.
Cuando al fin lo menos importante sea el sol,
recorriendo serena mi mente el camino,
en el sueño o en tu recuerdo
no anuncies la entrada de la última primavera
como siempre sí la de las flores.

*(A mi amiga y compañera María Isabel Gómez Navarro, Maribel;
de su Barcelona de ayer hasta Aguadulce en su Almería de hoy).*

***

Calle Mühlberg, un paso… y tu casa
(Tu azotea… y toda Barcelona)

Mi padre se levantó antes de un amanecer
para hacerle a un olvido nuestra casa
y al presagio de mis días de mañana
porque el horizonte aquí es un círculo que no se acaba,
que no para ni espera a ser contemplado,
y entrando en cada espacio y cada día no hay remedio
destapando a esa bondad que disimula sin talento
para cuando se pasea la ira de los ojos muertos
o aquellas horas en que calláis sin mi ilusión,
que se esfuman por el vértigo azul que me hiela la frente
bajo gargantas de añil que me abisman a océanos entre azoteas
por tanto sol de aquellos días que bendigo y ya se fueron.
Mi padre se levantó antes de un amanecer
para hacerle a un perdón nuestra casa,
a los niños que están en el limbo tras dormirse a media jornada,
y a la consecuente conjura con el hormigón, el cemento y la cal
para que todo nos fuera futuro, avenir o destino;
para que el sueño nos venciera sobre los pupitres,
sobre el frescor del barreño en verano tras los fregaderos.
Mi padre se levantó antes de un amanecer
para hacerle a un compromiso nuestra casa,
el visto en terceras proclamas matrimoniales,
el desvelado a casi nadie y sin registro ni fecha,
medio oculto para hacer de la esperanza providencia,

de una porfía mi casa, en la que hoy, si se larga la dicha,
nos entra aquí de nuevo con solo ver el marco azul por mi terraza.
Mi padre se levantó antes de un amanecer
para hacerle a una advertencia nuestra casa,
para mi apreciación de todo el tiempo presente
en las esquinas de mi calle, en el asombro de mi madre,
porque entre el primer resplandor desapercibido
y esa noche fugaz que entra sin días
queda la vida con mi rotación al erial de las horas:
de un tiempo que perdí, dejé algunas yermas que hoy lamento,
pero yo he visto en la tarde el paso de las estaciones
arrastrando su peso con el de la debilidad de las horas
sobre la esfera de una ciudad, sobre la de esta tan mía;
la de esos relojes que no veo, pero oigo desde esta altura;
la de los paraguas abiertos que tanto quiero,
en la rotación de los coches que bajan alejándose hasta perderlos
y a la vez que la curva de un torrente de barro,
la que dibuja a mi vista la mezcladora de mortero
al tiempo que resigo con un dedo la del cáliz de una flor.
¿Cuántas esferas girando habrá a otra ciudad, a otras calles,

otros barrios,

debajo de este gran circunvuelo de azules sedantes sobre azoteas?
Mi padre se levantó antes de un amanecer
para hacerle nuestra casa en honor de todo lo que ya te he dicho,
y él así, al fin, lo hizo todo sin darse cuenta de ello.

(A mi amiga Encarna Sánchez, a todos los que la quieren y, en especial, a su padre, allí donde esté, y a su madre. A su privilegio desde su terraza).

Diego Godoy

****

Siempre te gustó septiembre
y su promesa de días que en sí lleva:
el agua tarda y será tregua en este marasmo,
la resucitación del aire vendrá de una tormenta
y una renovación, siquiera efímera, primera en el año,
que se presumen del final de un agosto,
con la firme convicción de tu propuesta,
la sospecha de un cambio, su sentir que te anima,
la extraña esperanza que agranda una pared
y hace de ella el cielo en un campo segoviano,
no más pues un muro infranqueable,
aunque hoy te asusta este aliento, pues fue siendo infrecuencia,
y tiempo hace ya en lo raro de estos años:
se esbozó algo incierto de la boca al diafragma,
bajo la línea alba te alean dos mariposas,
de sus crisálidas, umbilicales, recién abriéndose de futuro,
en la oquedad de un cartílago, un hipocondrio,
en cualquier cavidad, vacía o con aire, sin víscera,
de un helor a un sofoco, luego a una fría humedad,
y también, al contrario, y otra vez de esta suerte, que es esta hierba,
el milagro que alberga un tiesto ya en tu balcón, imagino,
como en la vida desde hoy, y otro año más, en ese rincón,
y de ese frescor, aunque no brotasen flores,
sino la alegría que florece de nueva lluvia
en ti y en mí, y en todos,
y en la intención de la mañana.

(De Escribanía de luces y voces. *A la familia Pons Molina: Luis, Carmen, Antonio, Víctor y Noelia. A la Carmeta Coma)*

3.- LOS PASOS
CON HUELLA SIN RASTRO

*

Noli me tangere

No quieras tocarme:
si es que ya soy ese avatar redentor de tu errada conciencia
irredenta,
mas sin dejar de ser aún de carne y hueso.
Siquiera quieras tocarme,
no lo hagas, que no sea que yo fuera un espectro:
no quieras tocarme por desvelar un misterio.
No me retengas
para tú avanzar sin mirar atrás,
si otros Sodoma te aguardan a cada horizonte
y miles de espantos por miles de estatuas de sal
aunque mires solo recto y al frente:
aún tu horizonte en mi sol queda bien lejos.
No quieras tocarme,
porque yo soy intercambio entre verdad y ficción,
entre naturaleza y arte y entre precepto y ejemplo,
si todo en mí a su vez se esfuma o se disuelve;
y en mi tránsito fluido y entusiasta
no te acerques ni a rozarme para serme tú sibila,
vestal que me atrape en vasijas sin libaciones,
augustal visionario que me anuncie ya rey;
pues ya afirmases que apenas me viste de lejos,
bastará para que no crean en ti aun tu empecinamiento;
no lo hagas si soy fuente a su cauce,
y canal a su destino que es llegar a los océanos:

siquiera yo discurra por mis trazos rectos,
por las céleres acequias en los pasos de mis aguas,
siquiera en pausados meandros de ríos que os llevo,
soy ya mar sin horizontes tras delta que da agua a un canal sin
esclusas.
No me prendas lejos de la gente y así tenerme solo tú en tus
manos;
peor de forma airada, arrebatada bajo ingenuos entusiasmos,
no sea que alejes la encarnación de mi espectro,
por solo sentir sin pensar el complot de los justos,
por tu apremio en dar nuestro gran último paso.
No quieras dejarme fijado e inerte en el suelo:
si he bajado hoy del cielo a la tierra, hoy subiré de aquí al cielo;
no me mires hasta que me veas seco en hojas pálidas con términos,
pues también soy mi arcano mayor,
tu mito y leyenda y metáfora en mi alegoría;
soy mi espacio físico, ante el tuyo celestial, por natural defecto,
revuelto en los templos por bóvedas, cúpulas y ábsides;
por arte soy lo verdadero y lo verosímil,
natural artificio en lo eterno inventado y en lo aún evidente
de la imaginada experiencia a la empírica especulación;
soy bóveda, pues, como entramado en la verdad como en las artes,
pabellón de follajes con frutos,
pues soy arquitectura vegetal en ficción,
en la naturaleza ajardinada de las civilizaciones,
en la ajardinada ciudad de la naturaleza,
donde estatuas como todos los que mueren con lacónica sonrisa
más vivas están que los arbolillos con frutos que les dan sombra,
así en sus jardines, también, los arranques en arcos ingrávidos,
como las pacientes esperanzas en los bancos de sus parques;
donde en sus iglesias no se fuerza el claroscuro,
como en sus bóvedas levitan las masas sólidas:

hinchadas de aspavientos flotan hacia arriba y el horizonte.
No quieras fijarme porque yo parezca estar en la quietud de los
finados,

en el olvido de lo obsoleto o exterminado,
cuando en verdad sigo transitándome en mis formas
desde el reino de lo vivo al de lo que se cree ya muerto,
estado al que voy si a él pertenezco y me entrego
y al que iréis si sentís la fe sin tanta añoranza,
esa fe no en falsas líneas rectas, mas sí en mi espiral demorada,
pues avanzando dos pasos yo retrocedo uno a su vez.
Y al fin, entonces, no te acerques a tocarme para así tocarte;
noli me tangere, pues,
si soy vuestra escala entre la tierra y el cielo,
donde sin que me toques allí tú podrás verme igual siempre
para así alentarte a ir hacia mí
si es que yo fuera el Sol.

(A José Rizal y a su ¡Noli me tangere!*)*

**

¡Alicia, adiós!

«Todas las mañanas del mundo son caminos sin retorno».
Pascal Quignard

Hay un ilimitado paraíso
en el cuadro de mi ventana:
por ella se fue, y sobre el reflejo celeste
de su vidrio en los espejos,
¿o sobre el blanco reflejo
en mi ventana de estas lunas?
Alicia se fue otra vez: otra vez se soñaba;
tras caer al foso, traspasó otro espejo.
Y así, un sábado, dando un paso atrás,
tras musitar «ya nunca más voy a jugar»,
un rubor te sentó muy sola
en el borde de la cama en mi cuarto,
al que nunca más volverías ya a entrar
ni a jugar ni a mirar por la ventana:
vi la refracción de tu niñez
entre el brillo limpio de esa luz,
que en nuestra casa se apagaba;
tú eras mocita; yo a punto estaba.

*(A mis padres y, en especial, a todas mis hermanas, que
construyeron mi mundo sobre las bases de la magia de la realidad y
la realidad de lo mágico)*

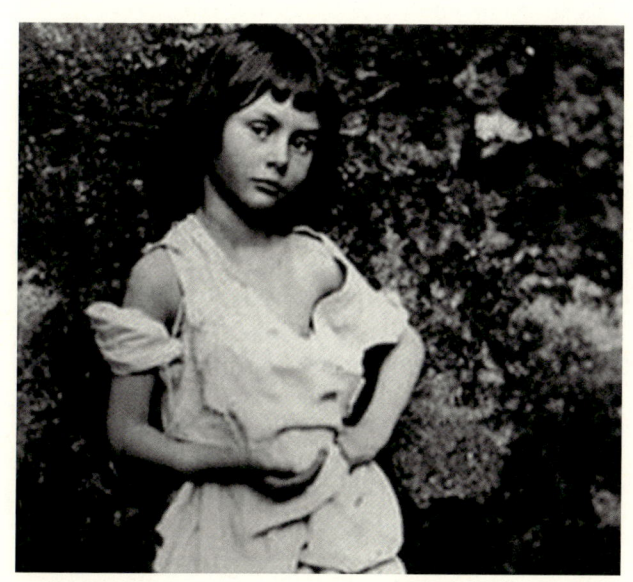

ADENDA

(AÑADIDO, Y NUNCA MEJOR DICHO)

EN TRES PASOS

HAIKU

Cita de otoño…
Ya te llevo la vida
de cepas muertas.

Se alza una grulla.
Su silencio abre un ruido.
Ya es primavera.

De ti te ocultas.
Llegó esta primavera
y no me buscas.

Noviembre y hay cóvid.
No hay un «¡ay!» y todos en casa.
Canta la abuela.

Pandemia y, a un huerto,
San Juan no huele hoy a azufre.
Todo es jazmín.

Hoy vi a mamá
y me dejó en la escuela.
Desperté en casa.

¡Canta salomas,
grumete, y no más horas!
Al mar, son ya años…

Se nos fue Alicia
no a soñar maravillas.
Llegó el verano.

Lienzos de vida,
tu alegría me esboza,
y el sol, ni en trazos.

Mi verso es vértice
de un tejado a dos aguas:
o tú o el invierno.

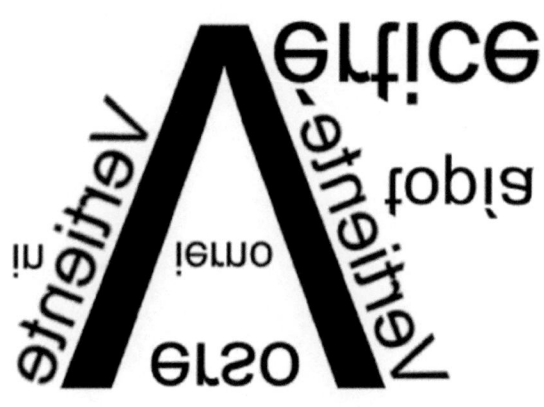

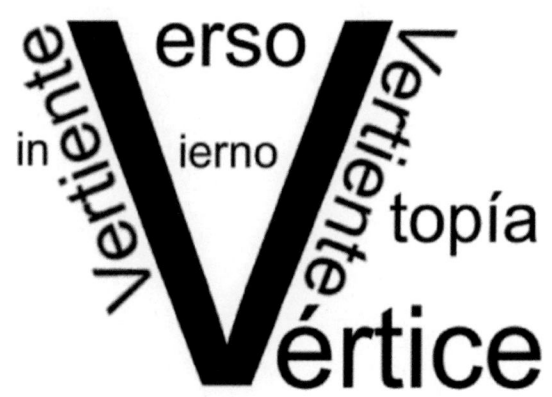

Y esta flor antes
que su esperado otoño,
y aun sin deseo.

CRÉDITOS DE LAS ILUSTRACIONES
(POR ORDEN DE APARICIÓN):

1. Pág. 14 - La casa rectoral de Haworth, Yorkshire, junto a su cementerio, hogar de la familia Brontë (Hulton Archive/Getty Images) desde INFOBAE, en CULTURA: *Salvan la histórica casa de las hermanas Brontë y funcionará como centro cultural.* 13 nov., 2023 02: 05 p. m. EST.
2. Pág. 14 - Anne, Emily y Charlotte Brontë en una pintura de su hermano Patrick Branwell Brontë; en *Jane Eyre y Cumbres borrascosas,* por Juan Carlos Suárez Rebollar. El archivo personal del autor. 15/07/2018.
3. Pág. 17 - Fotografía de un particular de Yuri Gagarin en uniforme militar, firmada y dedicada en octubre de 1968. Screenshot 20/09/2024 23:59 de fine**art**america: Poster by Science Photo Library (*Signed photo of Yuri Gagarin*).
4. Pág.20 - *El asesinato de Marat,* por el pintor Paul-Jacques-Aimé Baudry (Public Domain), óleo expuesto en el Museo de Bellas Artes de Nantes, Francia, de su colección permanente: la escena del cuadro muestra a Jean-Paul Marat, que yace muerto en su bañera tras ser unos instantes antes asesinado de un solo cuchillazo por Charlotte Corday, a la que, aquí, se la ve guareciéndose en un rincón de la sala del amenazante personal de servicio de la casa que intenta atraparla, a la vez que tratando de

escapar, y justo después de acabar de incorporarse del suelo tras ser derribada por una silla que le ha lanzado una sirvienta. En su rostro, todos los matices de la expresión del aturdimiento, el miedo, si no el horror, y entre ellos, el causado por ser de repente consciente de que su tiranicidio es, fatalmente (y para ella sobre todo), para una gran parte del pueblo de Francia y del París revolucionarios del momento, un sacrílego magnicidio.

5. Pág. 23 - Litografía de Ana de Mendoza y de la Cerda, princesa de Éboli, realizada por A. Sánchez Coello, en *Los ilustres ancestros de la Princesa de Éboli,* de Rubén García, en *O César o nada* (13/12/2022).

6. Pág. 30 - Fotografía de los alrededores de la antigua estación de Hijate, cerca de la pedanía de El Hijate, zona limítrofe entre las provincias de Almería y Granada. Foto en Internet subida por Wikiloc.

7. Pág. 33 - *Ciudad del Sol (Civitas Solis)* del fraile dominico italiano Tommaso Campanella, que, tras escribirlo en 1607 y publicarlo, fue llevado a prisión. Este libro es, junto con la obra *Utopía (Vtopia)* del autor inglés Tomás Moro, una de las principales utopías del Renacimiento y precuelas de los socialismos llamados *utópicos* (y de los llamados *no utópicos*) contemporáneos. *Screenshot* de la portada del libro soleada, en una acertada fotografía personal realizada por un vendedor en la web de Iberlibro en la red, concretamente de la librería GrupoLetras-Abebooks de Madrid.

8. Pág. 33 - *Sol en una habitación vacía (Sun in an empty room),* Edward Hopper, 1961. Colección privada.

9. Pág. 36 - Vista de Barcelona hacia el mar y su horizonte local, realizada desde donde aún se hallan los búnkeres donde había una de las sirenas de alerta de bombardeo

aéreo. Allí también se encontraba una batería antiaérea para la defensa de la ciudad, leal al gobierno, atacando a la aviación del bando insurgente al mismo, durante toda la guerra civil española de 1936-1939. Foto realizada desde el monte de la Rovira, entre los barrios del Carmel y El Guinardó barceloneses. Foto realizada y subida a Internet por Diego Godoy.

10. Pág. 38 - Grabado 9 de la artista e ilustradora británica Alison Buchanan, en el primer poemario de J. Ramon Talavera, *Escribanía de luces y voces,* editado por Círculo Rojo en 2022 e inspirado en el poema *1978* (o *Siempre te gustó septiembre)* del mismo autor.

11. Pág. 43 - *Noli me tangere* de Antonio Allegri *Il Correggio,* 1525. En *The Prado Guide*, 2009, guía en inglés de la colección permanente del Museo del Prado de Madrid.

12. Pág. 45 - Fotografía de Alice Liddell con 6 años, la niña que inspiró a Lewis Carroll para su inconmensurable obra *Las aventuras de Alicia en el país de las maravillas* y *A través del espejo y de lo que Alicia allí se encontró.* Realizada por el mismo Carroll, esta fotografía generó un escándalo en la Inglaterra y sociedad victorianas del momento. Getty Images. BBC NEWS Mundo, versión española en la red.

13. Pág. 59 - *Vtopía. Invierno: Verso, Vértice. Vertientes.,* ilustración de Roco Guerra Castillo.

14. Pág. 64 – Una de todas las ilustraciones realizadas por Sir John Tenniel en 1871 y que aparecen en *A través del espejo y lo que Alicia encontró allí* de Lewis Carroll.

ÍNDICE